AF248113

ANCIENNE ÉGLISE

DES

ANTONISTES.

NANCY, IMPRIMERIE DE VEUVE RAYBOIS ET Cie.

DESCRIPTION

DE

L'ANCIENNE ÉGLISE

DES ANTONISTES

MAINTENANT

PAROISSE SAINT MARTIN DE PONT A MOUSSON

Vue, Plan, Coupe, Détails et Texte

PAR

VICTOR DE SANSONETTI

ANCIEN ÉLÈVE DE M. INGRES.

NANCY

CHEZ GRIMBLOT, RAYBOIS ET Cie, IMPRIMEURS-LIBRAIRES,

PLACE STANISLAS, 7, ET RUE SAINT-DIZIER, 125.

PARIS

CHEZ LELEUX, LIBRAIRE, RUE PIERRE-SARRASIN, 9.

1844.

DESCRIPTION

DE

L'ANCIENNE ÉGLISE

DES ANTONISTES,

MAINTENANT

PAROISSE SAINT MARTIN DE PONT A MOUSSON.

En publiant aujourd'hui la description de l'Eglise de Saint-Martin de Pont-à-Mousson, nous avons voulu contribuer pour notre faible part à ce mouvement imprimé de nos jours aux esprits portés volontiers vers l'étude du moyen âge. Notre voix se mêlera à des voix plus éloquentes, et nos efforts à des efforts plus puissants ; par là , nous espérons rendre quelques services à l'art ; telle a été du moins notre pensée en appelant l'attention sur les monuments qui sont l'objet de nos études, et en les sauvant ainsi, soit de la destruction, soit des mutilations.

Trop longtemps , on négligea les édifices de cette époque , et l'on se contenta de jeter à nos merveilleuses cathédrales l'humiliante dénomination de gothiques, elles si pleines de vie et d'originalité, où le génie est si fortement empreint de toutes parts. On ne rêvait que style grec et romain, sans songer à l'origine récente des sociétés actuelles, à leurs mœurs, et sans tenir compte du climat sous lequel la plupart des peuples modernes vivent. Eclairé à la fois par l'expérience, par le raisonnement et surtout par la comparaison, on est enfin revenu d'un aussi grossier préjugé ! Jamais plus d'intérêt ne fut attaché que de nos jours aux antiquités nationales. Partout on se préoccupe de leur conservation, du classement et de la restauration de ces édifices d'autres siècles. On s'est convaincu de quelle importance sont pour l'histoire des nations, ces vieux témoins des plus grands événements, des passions d'alors, des jours bons et mauvais ; sans parler de l'instruction morale qui en découle nécessairement.

La vieille Lorraine sur le sol de laquelle se trouvent dispersés d'antiques cathédrales, des clochers dentelés, et des tourelles élancées, ne saurait rester plus longtemps en arrière des généreuses tentatives faites dans le but soit d'une appréciation intelligente, soit d'une restauration judicieusement entendue. Le flambeau des arts y a brillé d'un éclat trop vif, les sciences y ont répandu trop de clarté pour douter un instant du succès. Heureux si par notre travail nous pouvons en devancer le moment, ranimer davantage le goût plus vif pour l'examen de ces prodiges du moyen âge et faire souhaiter leur conservation; ce serait là une bien flatteuse récompense, la seule qui nous ait guidé et que nous ambitionnions.

Aucun historien ne parle de l'époque précise de l'établissement des Frères de Saint-Antoine à Pont à Mousson, mais il est certain qu'ils y étaient connus dès le commencement du 12me siècle. Le Père Helyot, dans son histoire des ordres religieux, page 390, 8me vol. rapporte, à la vérité d'après ceux qui ont écrit les annales du Hainaut, que cet ordre militaire et religieux fut institué seulement en 1382, par Albert de Bavière, dans le but, comme on sait, de porter remède à la terrible maladie que l'on appelait feu sacré ou de Saint-Antoine, et qui consistait dans une espèce de marasme et de desséchement de tout le corps, ou qui s'attachait à un membre ou à un organe. Au milieu des affreux ravages que cette épidémie produisait dans la Lorraine, Bertram, évêque de Metz, touché de tant de calamités, fonda en 1198, à l'endroit où fut bâti depuis Pont-à-Mousson, un établissement d'Antonistes, qui s'éleva dans la partie qui était de ce diocèse; leurs fonctions étaient de secourir les malades.

La Commanderie de Saint-Antoine fut fondée et bâtie au bas de la montagne et du château de Mousson, à l'endroit où l'on fit depuis construire un pont sur la Moselle pour aller à Mousson; c'est de ce pont que la ville a tiré son nom, lorsqu'on eut bâti sur les deux rives. C'est pourquoi cette commanderie, ne pouvant prendre le nom d'une ville qui n'existait pas encore, a porté durant les premiers siècles de sa fondation le nom de Commanderie générale de Liége et de Lorraine. Dans les titres anciens, elle est appelée *Ballivia*, nom qu'on donnait aux commanderies générales pour les distinguer des subalternes, sur lesquelles elles avaient inspection et juridiction. Enfin lorsque Pont-à-Mousson fut érigé en marquisat et en cité de l'empire, par l'empereur Charles de Luxembourg en 1354, la Commanderie de Saint-Antoine fut nommée la Commanderie générale de Pont-à-Mousson ou de Liège.

Ce n'est que vers la fin du 12me siècle, selon d'autres écrivains, que cet utile établissement devint très-florissant, surtout lorsque Pont-à-Mousson considérablement accru, fut considéré comme ville. Le concours prodigieux des malades qui accouraient dans l'espoir d'y recouvrer la santé; les fidèles qui venaient y vénérer les reliques du saint de l'ordre, avaient fait de ce lieu un pèlerinage fameux et renommé au loin, surtout en raison des ravages de l'horrible fléau qui décimait alors les habitants de nos contrées. Henry, comte de Bar, attira les Antonistes par divers priviléges; notamment il leur abandonna, vers 1227, une maison qu'Agnès, son aïeule, avait fait bâtir près de son palais. La ville s'augmenta encore par les franchises et les immunités qu'on lui accorda vers 1232. Thiébaut II, fils et successeur de Henry, éleva de nouvelles constructions sur la rive gauche de la Moselle aux environs de la chapelle fondée, en 1210, par Thiébaut 1er. Sur ces entrefaites, Mathieu II, duc de Lorraine, lui déclara la guerre et détruisit par le feu ce qui était déjà construit. Vers 1260, les troubles ayant cessé, Thiébaut résolut de réédifier les bâtiments brûlés, et par lettres patentes du mois de mars 1261, il accorda aux habitants des villages voisins priviléges, immunités et franchises. Ceux de Thirey vinrent habiter la rive droite, où ils transportèrent leur église paroissiale sous l'invocation de saint Martin.

Le Père Abram, dans son histoire de l'université et du collége de cette ville, dit que Robert, duc de Bar, qui affectionnait les religieux de Saint-Antoine, leur donna, vers 1360, les maisons de Pont-à-Mousson, de Bar et autres.

Les généraux et commandeurs de l'ordre résolurent, en 1354, de construire une nouvelle église plus vaste, et plus magnifique que l'ancienne, trop peu spacieuse de jour en jour, pour contenir la foule croissante des pèlerins. Cette église, aujourd'hui paroisse Saint-Martin, fut dédiée à saint Antoine, et bâtie aux frais de tout l'ordre. La dépense s'éleva au-dessus de 300,000 écus, au dire des Antonistes. Le duc Robert contribua à l'agrandissement de la nouvelle église, en permettant par lettres patentes du 27 février 1363, de prendre six pieds de terrain sur le chemin qui existait le long de l'ancien édifice. L'église ne fut terminée que vers le milieu du 15ᵐᵉ siècle, autant qu'on en peut juger par l'inscription, en caractères gothiques, qui se trouve au sommet de la façade. Ce qu'on peut en lire, sans toutefois garantir l'exactitude du millésime qui est fort difficile à déchiffrer en raison de la mousse qui le recouvre, est ainsi conçu :

advis frère thierry sorlier me faisait

quand moult pieux frère benoist de montferrand me visitait en mcccclxvi.

Malgré cette inscription qui a pu leur échapper, des historiens du pays assurent que Jacquemin de Commercy, auteur de la façade de la cathédrale de Toul, et Mangin, maîtres maçons, dirigèrent la construction des clochers. Quoiqu'il en soit, il est certain que le portail fut entièrement achevé en 1474, sous le gouvernement de Jean-Jacques ou Jacquet, général de l'ordre. On en trouve la preuve dans le procès-verbal ci-après rapporté du commandeur de la Ferté, qui dit que frère Thiéry Sorlier fut à la fois le fondateur et l'architecte de Saint-Martin de Pont-à-Mousson.

Ce qui a donné sa plus grande célébrité à la ville de Pont-à-Mousson, ainsi qu'à l'église de Saint-Antoine, c'est l'érection de l'université (1) dans les bâtiments de l'ordre de ce nom. Grégoire XIII donna la bulle de son érection aux nones de décembre 1572, et ce ne fut qu'en 1574, que le cardinal de Lorraine mit les Jésuites en possession. Bientôt cette université se rendit célèbre dans le monde entier; tant par les hommes savants qui en occupaient les chaires, que par le grand nombre et la qualité des écoliers avides d'entendre leurs doctes leçons. Les Jésuites, mis en possession, se laissèrent entraîner pour la décoration de notre édifice par le plus mauvais goût du siècle; ils ne faisaient en cela que suivre les errements qui leur étaient familiers, et qu'on reconnaît au premier coup d'œil, soit dans les édifices qu'ils ont fait construire, soit dans leurs embellissements. Le procès-verbal de visite, fait par le commandeur de La Ferté dans l'ancienne église de Saint-Antoine y constate plusieurs dégradations. Voici ce procès-verbal :

«L'an 1603, le 12ᵐᵉ jour de juin, en présence de nous notaires apostoliques, souscrits, révérend frère Nicolas de La
» Ferté, bachelier en saincte théologie, commandeur de la commanderie Notre-Dame de Saint-Antoine du Pont à
» Mousson et visitateur de l'ordre dudit Saint-Antoine ; commis et député par révérendissime père en Dieu, frère
» Antoine Tolosain, abé général du dit ordre ez pais de Lorraine, Allemagne et Flandres, et certaines villes de France
» et Bourgogne, etc. S'étant transporté au lieu où résident à présent les révérends pères Jésuites et qui soulait être
» avant leur venue au dit Pont, la résidence ordinaire, tant des commandeurs que religieux et pauvres de la dite
» commanderie ; fait appeler le sieur et révérend père Jean Bleuze, recteur tant du collége de la société de Jésus, que
» de l'université du dit Pont, auquel a demandé, *pour quelle cause on avoit fait ôter de dessus le corps de*
» *révérendissime père en Dieu, frère Théodore de Saint-Chaumont, lui vivant général dudit ordre de Saint-Antoine,*
» *la sépulture, laquelle était taillée et relevée en bosse et posée au milieu du chœur de l'église qui souloit être*
» *de ladite commanderie*, et en laquelle de présent lesdits révérends pères Jésuites font leur service ; à

(1) En 1622, l'université donna des fêtes à l'occasion de la canonisation de saint Ignace de Loyola et de saint François-Xavier; la relation est un monument qui indique à la fois et la réputation dont jouissait alors cet établissement et le nombre prodigieux d'élèves qui le suivaient. Il existe à la bibliothèque de la ville de Pont-à-Mousson, un livre imprimé en latin et en français, avec gravures représentant les décors, les trophées et les jeux de cette grande fête. La description en latin se trouve encore quelquefois mais celle en français est très-rare, en voici le titre : *Les honneurs et applaudissements rendus par le collége de la compagnie de Jésus, université et bourgeoisie du Pont-à-Mousson en Lorraine, l'an 1623, aux saints Ignace de Loyole et François Xavier, à raison de la canonisation fuicte par nostre Saint Père le Pape Grégoire XV, d'heureuse mémoire, le 12 de mars 1622, enrichie de plusieurs belles figures en taille douce, av Pont-à-Mousson, par Sébastien Cramoisi, imprimeur et libraire près de son Altesse et de l'Université. M D C XXIII. avec permission d s supérieurs.*

»quoy a répondu ledit sieur recteur, ne l'avoir fait ôter, ains quelqu'un de ses prédécesseurs au rectorat, et
»qu'il pensoit que c'étoit à cause qu'elle empêchoit là : à quoy répliquant, ledit sieur commandeur, qu'elle
»y avoit été auparavant *quinze ou dix-huit ans* ou environ, durant lequel temps il y avoit un aussi grand
»nombre d'écoliers ou peu s'en falloit qu'il y en avoit au jour que dessus, durant lequel temps, on n'avoit
»pas trouvé qu'elle eût empêché, et qu'elle y pouvoit encore aussi bien demeurer que pour lors : qu'il
»réputoit la translation d'icelle, en un autre lieu moins apparent, beaucoup fort peu *en vue et bien éloigné du*
»*corps* dudit Saint-Chaumont, à mépris et à injure, tant audit sieur défunt général, comme à tout ledit
»ordre de Saint-Antoine ; ce qui l'occasionnoit le prier, comme il faisoit, de la faire remettre sur ledit corps et
»au milieu du chœur où elle étoit du passé ; à quoy répondant, ne le pouvoir, ny vouloir faire, le dit sieur
»de La Ferté a dit qu'il l'interpeloit et requéroit en temps qu'il pouvoit et devoit en la qualité que dessus,
»qu'il ait à l'y faire remettre ; à quoy a répondu comme auparavant, n'y vouloir toucher aucunement. Après
»laquelle réponse faite, le dit sieur de La Ferté luy a demandé s'il avoit ordonné à ceux qui blanchissoient
»la dite église par son ordonnance, au mois de may dernier, de blanchir et d'effacer les armoiries du
»fondateur d'icelle, frère Thiéry Sorlier, qui étoient apparentes depuis la construction de ladite église, jusqu'au dit
»mois de may, aux écussons taillés aux pierres qui font les clefs des filets qui sont à travers de la plus haute
»versure et voûte au-dessus du chœur et nef de ladite église, et pourquoi sur l'un des écussons proches
»du crucifix, on a peint un nom de Jésus, armoiries et marques ordinaires de ladite société. Scavoir si ça
»été pour supprimer la mémoire, et ravir l'honneur qui appartient audit fondateur, pour l'attribuer à ladite
»société. A quoy ledit sieur recteur a répondu n'avoir commandé que lesdites armoiries fussent effacées,
»mais puisqu'elles l'étoient, qu'il avouoit le fait, et le vouloit déffendre et maintenir ; et au nom de Jésus, bien
»vrai étoit, qu'un de ses frères ou adjuteur luy avoit demandé s'il le peindroit en quelque lieu sans désigner où, et
»qu'il lui avoit dit qu'il fasse ce qu'il voudroit, sur quoy il l'avait peint comme il se voit à présent, comme
»dit est ; et ce, pour montrer que c'est une église de ladite société. Sur laquelle réponse, ledit sieur de La
»Ferté luy dit, que puisque la chose en étoit faite, sans son ordonnance, il le prioit de déclarer s'il avouoit
»ce qui étoit fait, et s'il le vouloit déffendre, tant pour la peinture dudit nom de Jésus, que pour la blanchissure
»et suppression et abolition des dites armoiries ; à quoi a répondu qu'ouy. Et lors luy fut répliqué, qu'il
»n'avoit plus que faire de dire qu'il n'avoit pas ordonné qu'elles fussent effacées, pour autant que cette réponse
»montroit assez qu'il y avoit commandement si non exprès, du moins tacite ; *et qu'en cela il donnoit un fort*
»*mauvais exemple à tant de jeunesse qui sont en leurs classes, en ce que quelqu'un de telle multitude, comme*
»*il est possible, arrivant aux évêchés, prieurés, canonicats et dignitéz ecclésiastiques et bénéfices, à leur*
»*imitation en pourroit faire effacer les armoiries, épitaphes et mémoires des fondateurs pour y faire mettre les*
»*leurs ;* et qu'outre ce, les séculiers mêmes, en considération de tel fait, seroient détournés de bien faire au dit
»ordre de Saint-Antoine, et de faire bâtir par cy après aucune chapelle, ou donner aucuns ornements à leurs églises,
»pour crainte qu'ils auroient qu'ils en perdissent aussi facilement la mémoire, que les dits sieurs Jésuites
»oublient par telles actions, la mémoire des fondateurs, tant de la dite église, que de la maison ordinaire de la dite
»commanderie, *aiant quasi partout effacés les armoiries et épitaphes des bienfacteurs et fondateurs,* à quoy
»le dit sieur recteur répondant, a dit, leur intention n'avoir été telle, et que pour le regard de la
»mémoire du dit fondateur, les armoiries étoient encore aux verrières, au-dessus du grand portail de la
»dite église, et au-dessous du jubé, et que cela suffisoit. A quoy a répondu le dit sieur de La Ferté, que
»non, pour deux raisons ; la première est à cause que celles qui sont peintes sur verre, sont fragiles comme
»le verre, et s'il arrivoit que quelques pensionnaires ou autres les rompissent, on se garderoit bien de les
»faire repeindre pour les y faire remettre ; la seconde, à cause que celle qui est au-dessous du jubé
»est fort à main pour être bientôt biffée, raclée ou effacée, par les cizeaux et marteaux des *massons,* de
»leur ordonnance, comme déjà ont été toutes les épitaphes qui étoient ez pilliers et murailles de la dite
»église ; de quoy comme aussi des dites armoiries, plusieurs de la populace se sont formalisés, joint aussi
»que déjà quelqu'un de la société, autrefois a voulu marchander de faire ôter le dit jubé ; auxquels propos et
»raisons ainsi déclarées, le dit sieur recteur a dit, que c'était chose possible, que tant celles du jubé que verrières,

»les unes et les autres fussent encore ôtées; ce qu'entendant le dit sieur de La Ferté, a demandé au dit
»sieur recteur, si c'était la souvenance qu'ils avoient de leurs bienfacteurs, des labeurs des quels ils se
»ressentoient journellement étant logéz comme ils sont. Sur quoy a dit que ceux qui leur faisoient avoir
»des maisons étoient leurs bienfacteurs et prioient pour eux, et qu'ils n'en reconnoissoient point d'autres, et
»qu'au reste, ils avoient asses de mémoire du dit feu frère Thierry Sorlier. De quoy ne se contentant pas
»le dit sieur de La Ferté, a prié le dit sieur recteur les vouloir faire apparentes et remettre en l'état et
»lieux auxquels elles étoient auparavant, et que pour l'égard des noms de Jésus, ils en fassent partout
»ailleurs où bon leur sembleroit, qu'il n'y trouvoit à dire, pourvu que la mémoire du dit sieur général
»et de frère Thierry Sorlier, son devancier, commandeur en la dite commanderie, soit conservée *saine et
entière*. A quoy a répondu ne le pouvoir, ny vouloir faire, *et d'autant que le dit sieur de La Ferté doutoit
»qu'il ne fasse difficulté pour les frais et dépens qu'il conviendroit faire pour les remettre, a dit et
»déclaré au dit sieur recteur, que s'il lui vouloit permettre il lui feroit refaire et remettre le tout en leur pristin,
»état, à ses propres frais et dépens sans qu'il luy en coûta un seul denier.* A quoy a dit ne pouvoir n'y
»vouloir consentir, qui a été cause que ledit sieur de La Ferté luy a fait déclaration qu'il le requeroit et l'interpelloit
»autant que faire pouvoit et devoit qu'il eut à les faire remettre ensemble la dite sépulture ou autrement et à faute
»de ce, se pourvoiroit où il trouveroit à faire par raison. De quoy il nous a demandé acte pour s'en servir quand
»besoin sera; et ce en présence de maître Pierre François, Licencié ez droits, advocat, qui étoit présent lorsque tout
»ce que dessus a été dit, ce que luy avons accordé en la forme que dessus laquelle en signe de vérité avons
»signés de nos seings manuels et accoutuméz ez jours et an que dessus.»

Signé Hombroux et Sylvestre avec paraphes.

Il est certain par ce procès-verbal, que les Jésuites ont mis le marteau à l'édifice, aussitôt qu'ils ont pu
se regarder comme paisibles possesseurs de l'église et de la maison Saint-Antoine. Or, ce n'est que vers l'an
1600, qu'ils commencèrent à jouir un peu tranquillement. Nous venons de rapporter une des dernières démarches
importantes de la part des Antonistes; cependant malgré toutes les mutilations que cette église a eu à subir,
on voit encore dans beaucoup de fenêtres, le T, armes des Antonistes.

Les Jésuites demeurèrent tranquilles possesseurs de l'église et des bâtiments, jusqu'à l'époque de leur
expulsion. Dans cet intervalle, ils firent plusieurs changements; le jubé fut abattu et servit à former la
galerie qui supporte l'orgue qu'ils y firent mettre; le reste fut placé d'une manière insignifiante, sur une
arcade, entre deux piliers; comme on peut le voir encore aujourd'hui.

Pendant ce laps de temps, ils firent subir à l'église une restauration à jamais déplorable; l'abside en
entier, à partir du sol jusqu'à la base des fenêtres, fut ornée dans le style *pompadour*. On assure qu'avant cette
époque, les bas côtés se prolongeaient autour du chœur; les Jésuites auraient donc interrompu les nefs latérales,
pour y construire les chapelles qu'on y voit encore et pour faire une sacristie; cependant on en peut douter,
car l'architecture est la même, ce qui le prouve c'est un reste d'armoirie des comtes de Bar qui se trouve à la voûte
de la chapelle gauche, en regardant le chœur. Ils ne se seraient pas fait scrupule de construire ces chapelles dans un
autre style : ainsi le chœur a été complétement dégradé par eux, et des tableaux ont caché aux yeux les
ogives qui formaient le pourtour du sanctuaire.

Les Chanoines réguliers de Saint-Augustin, qui succédèrent aux Jésuites, ne firent ni bien ni mal;
jusqu'à l'époque révolutionnaire ils conservèrent l'édifice, qui, lors du rétablissement du culte, servit à la paroisse
Saint-Martin.

Après cette esquisse historique rapidement tracée, et avant de décrire les sujets qui composent nos planches,
nous dirons que les bâtiments de l'université servent maintenant au collége, et que ceux contigus à l'église,
étaient autrefois l'hôtel du recteur de l'université, et ensuite du prieur des Chanoines réguliers; qu'il s'y trouve
un escalier remarquable qui coûta, dit-on, à lui seul 10,000 écus.

Tout l'extérieur de l'édifice est en style ogival fleuri. Le portail (planche 1) est à une seule porte ogivale à deux rentrants, surmonté d'un pignon fleuronné, un balcon découpé à jour passe devant une grande fenêtre à cinq menaux et à rose. Au haut du pignon de la nef se trouvaient, disent les uns, une statue de la sainte Vierge, les autres celle de saint Antoine, fondateur de l'ordre; au-dessous les armes de l'ordre de Saint-Antoine, ou de frère Thierry Sorlier, avec l'inscription que nous avons rapportée plus haut.

Toutes les figures qui ornaient ce portail ont été détruites en 1791. Celles qui s'y trouvent viennent d'autres monuments et ne sont pas de la même époque. Les deux tours s'avancent en saillie des deux côtés, comme on peut le voir par le plan (Planche 2) (1). Ces tours ne diffèrent que par quelques détails d'ornement; elles sont carrées jusqu'à la naissance du toit de l'église. A partir de là, l'une est à huit pans, l'autre à six. Leur faîte dépasse le toit de la nef; elles ont clochetons, gargouilles, pinacles et ogives lancéolées, elles étaient surmontées de flèches en bois qui pouvaient avoir vingt mètres de hauteur; elles étaient recouvertes d'ardoises. Celle qui est à gauche du portail en entrant dans l'église, fut dévorée par les flammes le 3 août 1623, elle était surmontée d'une croix (2). L'autre fut abattue, vers l'année 1790, parce qu'on craignait que venant à tomber elle n'occasionnât quelque malheur.

(1) Pl. 2. A. Chapelle des saintes reliques. — B. Sépulcre. — C. Autre chapelle. — D. Porte latérale. — E. Galerie qui contient l'orgue. — F. Tours.

(2) Voici sur l'incendie de cette flèche ce qui est rapporté par le père Abram, et confirmé par un factum sorti des mains des religieux de Saint-Antoine qui eurent à leur tour un triomphe. Le zèle que le commandeur de La Ferté avait mis à venger les injures faites à l'ordre de Saint-Antoine et dont nous avons rapporté le procès-verbal, n'avait rien d'humain, est-il dit dans une requête adressée par eux au duc Charles, et l'événement qui arriva deux mois après, justifia selon eux leurs prétentions et fit voir la bonté de leur cause.

Le P. Pierre Sinson, né à Orléans, entra dans la compagnie de Jésus en 1589. Après avoir fait ses études à l'université de Pont-à-Mousson, il y professa la philosophie pendant six ans, puis il fut destiné au ministère de la prédication qu'il exerça avec succès, pendant plusieurs années, dans cette même ville.

Au mois d'août 1603, deux mois après le procès-verbal dont nous venons de parler, les grandes chaleurs de la saison ne permettant pas à ce religieux de prendre le repos de la nuit, il descendit dans le cloître pour s'y promener pieds nus et y prendre le frais. A peine y fut-il arrivé, qu'à sa gauche, il vit apparaître un spectre ou plutôt une ombre d'une stature au-dessus de la naturelle qui commença à lui parler. Le religieux répondit à l'instant, que ne pouvant rompre le silence de la nuit sans la permission de son supérieur, il consentait à revenir la nuit suivante, au même endroit, si la permission était accordée; à ces mots, l'ombre disparut.

Le lendemain le P. Sinson fut fidèle à sa parole et le spectre lui dit qu'il voulait lui communiquer plusieurs choses sous le secret; mais les Jésuites ne pouvant avoir rien de secret pour leur supérieur, le religieux en fit l'observation à son interlocuteur qui voulut bien admettre cette condition. L'entretien dura pendant une heure. Que se passa-t-il dans cet entretien? Le P. Abram ne le dit pas, mais il rapporte comme certain que dès ce moment le P. Sinson fut comme frappé d'un feu secret qui ne lui laissa ni repos ni tranquillité, c'était sans doute le feu Saint-Antoine; et comme on voyait que le bon religieux séchait de langueur, on crut que le changement d'air lui rendrait la santé et on l'envoya à La Flèche où il mourut, deux ans après, du mal qui n'avait pas cessé de le miner.

Le bruit de cet événement se répandit partout. On écrivit à Pont-à-Mousson, de différentes provinces, pour avoir des détails; on montrait l'endroit du cloître où il était arrivé, et pendant longtemps les P. Jésuites en restèrent tout consternés. Sur la fin du dernier siècle encore, la tradition publiait que le révérend P. Bleuze, recteur de l'université, avait appelé le P. Sinson, et que ce religieux lui ayant déclaré tout d'abord qu'il serait effrayé lui-même des choses terribles et épouvantables qu'il allait lui raconter, le recteur à ces mots ne poussa pas plus loin la curiosité et se contenta de la bonne volonté de ce religieux.

Mais de qui pouvait être cette ombre? Le P. Abram assure que ce ne fut point celle d'un Jésuite. *Illud constat non fuisse manes cujusquam de societate.* Les Antonistes étaient persuadés que c'était celle de l'abbé de Saint-Chaumont ou plutôt celle plus vénérable encore de saint Antoine qui venait se plaindre qu'on eût aboli son culte dans une église qui lui était dédiée.

D'un autre côté, les Jésuites pensaient que cet événement ne pouvait pas être attribué aux magiciens, ni aux sorciers comme plusieurs le croyaient, mais ils le considéraient comme un pronostic fâcheux et l'annonce d'un ennemi sourd qui travaillait contre eux. C'est l'idée émise par le P. Perrin dans la relation qu'il a écrite : *habemus tamen perseverantis in nos alicujus hostilis animi indicia.*

Quoiqu'il en soit, on rapprocha cet événement des malheurs qui arrivèrent à l'université de Pont-à-Mousson, et il en fut regardé comme l'annonce. Dans le cours de vingt années elle fut incendiée quatre fois, mais de tous ces incendies, le plus considérable et le plus étrange dans les circonstances qu'on en rapporte, fut celui qui arriva le 3 août 1623.

Les P. Jésuites venaient de célébrer avec beaucoup de magnificence la fête de la canonisation de saint Ignace et saint François-Xavier. La fête avait duré huit jours. Le 3 du mois d'août ils étaient allés à leur maison de campagne en récréation; mais leur joie fut troublée par un incendie subit et extraordinaire qui, contrairement aux règles de la physique, dit le P. Abram, consuma de haut en bas, la flèche d'une des tours et le toit du grand logement que l'abbé Théodore de Saint-Chaumont avait fait bâtir, et dans lequel les Jésuites avaient leur bibliothèque.

Le feu parut en même temps en trois endroits différents et assez éloignés les uns des autres. Pendant l'incendie on vit des corbeaux monstrueux qui s'élevant de la vigne qui se trouvait au milieu des bâtiments et volant autour du feu avec des cris extraordinaires, semblaient applaudir à l'incendie. Plusieurs personnes dignes de foi assurèrent qu'elles avaient vu au milieu des flammes qui embrasaient la tour, un spectre qui regardait en bas, comme s'il eût été à une fenêtre. Ce qu'il y eut de plus extraordinaire, c'est que le même jour, avant que la nouvelle de cet incendie eût pu parvenir à Metz, on disait que les Jésuites avaient fait des feux de joie à l'occasion de la fête; mais que bientôt les démons auraient leur tour. A Nancy, le bruit était public sur ce point, et les enfants disaient hautement que les deux tours des Jésuites étaient réduites à une seule. A Toul, on disait le même jour à deux heures après-midi, et l'incendie n'eût lieu qu'à cinq heures du soir, que la maison des Jésuites était en feu. Les prodiges ne cessèrent pas quand le feu fut éteint, car pendant la nuit, au rapport des Jésuites, on vit des flambeaux allumés portés par une main invisible autour de la maison. Ces événements sont plus détaillés dans deux relations de la canonisation de saint Ignace et saint François-Xavier, l'une est écrite en français, par le P. Louis Wopius, Jésuite, et l'autre en latin, par le P. Léonard Perrin, aussi Jésuite. Cette dernière est intitulée : *Sacra atque hilaria mussipontana.* Pour terminer, ajoutons que le P. Abram semble reconnaître

D'après ce que dit M. Bastien, curé actuel de cette église, duquel je tiens tous ces renseignements recueillis par lui de toutes parts, dans les manuscrits et dans les livres, la charpente de ce monument serait en bois de châtaignier, remarquable par sa légèreté, et en même temps par sa solidité. Mais nous pensons plutôt que c'est une erreur populaire; puisque d'après les expériences que M. Héricart de Thury a fait faire, les charpentes des grands édifices gothiques de la France sont en chêne (1), de cette variété rare aujourd'hui, *le chêne blanc*, qui ne vient bien que dans les localités tourbeuses et marécageuses.

Le plan primitif était très-simple : c'était une nef de huit travées, accompagnée de bas côtés sans chapelles; car celles qui existent, ont été ajoutées plus tard. A la cinquième travée, de chaque côté, la voûte des bas côtés est interrompue, ce qui offre une espèce de transceps senti seulement dans les voûtes; les deux colonnes qui le forment sont réunies à la hauteur des voûtes latérales par une arcade en pierre qui empêche l'écrasement de ces colonnes par l'effet du poids des voûtes.

Cette église a 48 mètres 55 cent. de longueur, et 18 mètres de largeur dans l'œuvre.

Dans la coupe longitudinale (pl. 5), on verra qu'une grande fenêtre ogive à deux menaux occupe à chaque extrémité le mur extérieur de l'édifice. Les ouvertures toutes ogivales géminées sont surmontées de petites rosaces sans divisions. Les nervures des voûtes qui sont toutes à boudin retombent sur des colonnes isolées sans chapiteaux.

Tout autour de la nef, au-dessus des arcades des bas côtés et en dessous des fenêtres de la voûte, règne dans l'intérieur des murs un couloir à ouvertures ogivales, dont les moulures sont également à boudin.

Le chœur est heptagone; à partir du sol jusqu'aux ouvertures du couloir il est revêtu de stuc, avec pilastres : dans les encadrements se trouvent des tableaux qu'on attribue à Claude Charles et Jacques Durant, peintres lorrains, ainsi que ceux de l'autel des chapelles qui se trouvent de chaque côté du chœur. Ils ont été restaurés d'une manière déplorable à une époque rapprochée de nous. Les vitraux de couleur qui existaient primitivement, ont tous disparu. Le seul qui reste et qui se trouve au fond du sanctuaire y a été placé par les Jésuites; il représente saint Ignace et saint François-Xavier; il est très-mauvais de style. De chaque côté de ce vitrail, on voit les statues de saint Pierre et de saint Paul. D'autres figures, toutes représentant des membres de la compagnie de Jésus, ornent encore le chœur, nous avons cru reconnaître parmi elles, celles de saint Ignace de Loyola et de saint François Xavier. Ces statues sont posées sur la corniche qui règne au-dessus des pilastres : entre chacune d'elles est placé un reliquaire en bois doré.

L'orgue est supporté par trois arcades gothiques surbaissées (pl. 4); elles sont décorées d'une galerie découpée à jour, semblable à celle du transceps, le tout en pierre. Après un examen attentif, nous pensons que ce sont les débris du jubé détruit par les Jésuites.

En entrant dans l'église, à droite, se trouve une porte construite par les Jésuites ; intérieurement elle ne présente aucune décoration, mais en dehors elle est ornée de deux colonnes ioniques cannelées, avec un fronton et le chiffre si connu de la compagnie de Jésus. De chaque côté de cette porte sont deux arcades surbaissées, qui font corps avec elle et qui sont décorées dans le même goût.

A la quatrième travée, dans la nef latérale, du même côté, se trouve sous une ouverture ogivale surbaissée un Christ au tombeau, vulgairement appelé un sépulcre, comme on en voit dans beaucoup d'églises. Ce sépulcre exécuté dans le goût allemand, a de la variété et de l'ingénuité dans les poses de ses personnages, mais aussi beaucoup de raideur; les figures rappellent celles de Martin Schœn, de Colmar, célèbre peintre de la fin du quinzième siècle.

Ce monument est de pierre tendre, la gelée l'a beaucoup plus mutilé que la main des hommes. Nous ignorons

lui-même que saint Antoine n'était pas étranger à tout cela. Ses confrères en furent tellement persuadés que, par un devoir de religion, autant que par un motif d'intérêt, ils prirent la résolution de rétablir le culte de saint Antoine dans leur église. Ils firent en effet construire la chapelle qu'on voit encore aujourd'hui, et qui est connue sous le nom de chapelle des saintes reliques, et la fête de saint Antoine fut honorée tous les ans par une suspension de toutes les études. Depuis ce temps aucun accident n'est arrivé à l'université.

Ainsi s'est trouvé justifié de nouveau le vieil adage que le cardinal Baronius rapporte sur l'année 1095 de ses annales : Que jamais personne n'attaque impunément ce qui appartient à saint Antoine. *Impune nemo peccat in Antonium.*

J'ai rapporté ces faits, parce qu'ils donnent une idée de la direction des esprits à cette époque.

(1) Bulletin du comité historique des arts et monuments, n° IV.

quel est le barbare qui a fait scier par le ventre les soldats qui gardaient le sépulcre; et cela pour faire poser sur ces corps mutilés une pierre tombale, supportée devant par des colonnes, et sur laquelle, nous le supposons, étaient placées les figures dont nous allons parler.

Sur nos instances, M. Bastien, curé actuel de la paroisse Saint-Martin, plein de zèle pour l'art, a bien voulu faire enlever cette table de pierre et la faire poser sur ses colonnes contre le mur, au commencement de l'église du même côté; puis il a fait placer dessus (pl. 5) les statues de chevalier et de femme qui se trouvaient jetées dessous depuis bien des années; puisque les plus anciens de la ville, à leur dire, ne les ont jamais vues nulle part dans l'église (1).

Aucune inscription n'a été trouvée qui pût indiquer quelles sont ces deux figures. Nous présumons, d'après le costume, que l'une d'elles doit être un personnage du douzième siècle, mort à la guerre : car il a la lance au poing, il est couvert de maille avec la coiffe de fer, telle qu'on la portait à cette époque, et pour dernière marque, un lion est à ses pieds.

Ce n'est pas, comme on pourrait le supposer, Louis d'Anjou, marquis du Pont, second fils du roi René, qui fut enterré dans cette église; car il naquit vers 1425 et ne vécut que vingt ans. Son père ordonna par testament qu'on érigeât à son fils un mausolée dans l'église de Saint-Antoine de Pont-à-Mousson (2). D'après toutes les probabilités, ce ne peut être que Henry, comte de Bar, qui vivait à la fin du onzième siècle, et mourut à la bataille de Gaza en 1239. Ce prince s'était toujours montré le zélé protecteur de nos religieux, leur avait accordé divers priviléges, et, sans doute, ils se seront crus obligés de lui témoigner leur reconnaissance en rendant hommage à sa mémoire, par l'érection d'un monument surmonté de sa statue. Peut-être aussi que les restes du comte de Bar auront pu être pieusement recueillis par les siens et transportés dans ses états. Il est même présumable qu'il aura voulu être enseveli dans l'église enrichie tant de fois par ses bienfaits.

L'autre statue, plus petite que la première, pourrait être celle de Bonne de Bar, fille du duc Robert et de Marie de France, épouse de Valeran III, de Luxembourg, laquelle choisit ce lieu pour sa sépulture. Elle est en robe longue très-peu ample, la tête est entourée d'un voile qui, retombant sur les épaules, ne laisse apercevoir que les traits de la face. Il se trouvait aussi dans cet édifice parmi plusieurs autres tombeaux remarquables, celui du commandeur de Saint-Chaumont, qui fut nommé abbé général de l'ordre, en 1495, à l'unanimité, et, dit un manuscrit qui vient des Antonistes, par voie d'inspiration; les papes Léon X et Clément VII, l'empereur Charles-Quint et le roi de France François Ier, le jugèrent digne de leur estime et de leur considération; mais ce qui lui fait plus d'honneur, ce fut l'entière confiance dont l'honora le bon duc Antoine qui le fit chef de son conseil. L'abbé de Saint-Chaumont mourut à Nancy, le 28 décembre 1527; son corps fut transporté dans l'église de la commanderie de Pont à Mousson, où on lui éleva un superbe mausolée au milieu du chœur. Ces monuments ont tous disparu soit par le fait des Jésuites, soit par les suites de la révolution de 1789 (3).

Devant le maître-autel on voyait un tombeau où était déposé le cœur de l'évêque de Verdun, Nicolas Pseaume qui avait été le troisième fondateur du collége de Pont-à-Mousson, comme légat et mandataire du cardinal de Lorraine. Il demanda et tint à honneur d'être inhumé dans l'église des Jésuites, ou au moins d'y avoir son cœur déposé.

---

(1) Cette même planche 5, contient plusieurs détails de l'église : 1° Tombeau présumé de Henry; 2° Bonne de Bar; 3° arcade où est placé le sépulcre; 4° gargouille de la tour de droite; 5° couronnement de la même tour; 6° fenêtre de la chambre où se trouve l'horloge.

(2) Le testament authentique et le seul complet de René d'Anjou renferme ses dispositions à l'égard de la sépulture et des honneurs à rendre à la mémoire de Louis, marquis de Pont-à-Mousson, son fils, dont les cendres reposaient dans l'église de Saint-Martin. Ce testament transcrit fidèlement dans le recueil du corps diplomatique, est daté du 22 juillet 1474. Voici le paragraphe concernant la fondation faite chez les Antonistes à l'égard dudit marquis : « Item, ledit Seigneur veult et ordonne que en l'église de Saint-Anthoine de Pont-à-Mousson en laquelle est inhumé et sevely le corps de feu monseigneur « Louis, jadis marquis du Pont, son fils, soit faite une sépulture honeste selon la condescence de son estat, et pour ce faire seront prins les deniers sur « les rentes du marquis du Pont. Item veult et ordonne qu'en ladite église de Saint-Anthoine soit dite et célébrée une messe chascun jour de l'an à « tousjours mois perpétuellement pour le remède et salut de l'âme dudit feu Seigneur marquis, et pour la fondation de ladite messe ledit seigneur testateur « laisse et donne à la dite église de Saint-Anthoine, la somme de cinq cents florins de Ryn à payer pour une fois, laquelle somme sera convertie à acheter « rente à la discrétion des commandeurs, religieux et gouverneurs de la dite église. Les quels en recevant la dite somme se obligeront à célébrer la dite « messe à tousjours comme dit est, et seront prins les dits derniers sur les rentes et revenus du dit marquisé du Pont. »

(3) Cet illustre commandeur revêtu de la dignité et du pouvoir de commissaire aspostolique contre les hérétiques, signala sa religion et son zèle par son ardeur à arrêter les progrès de l'hérésie dans la ville de Metz. Il se plaça à la tête du chapitre de la cathédrale et fit arrêter les principaux hérétiques; mais il eut beaucoup à souffrir dans l'exercice de son ministère de la part de ceux qui avaient goûté les nouvelles doctrines; il fut insulté, la maison qu'il avait à Metz fut pillée et il fut obligé de quitter la ville en secret pour se retirer auprès du duc Antoine. Mais lorsque la sédition fut apaisée, les magistrats envoyèrent faire des excuses au bon duc des insultes qu'on avait faites au commandeur, qu'il chérissait particulièrement.

Ce cœur fut en effet, selon son vœu, placé précieusement devant le maître-autel. Son tombeau portait cette inscription que le Père Abram nous a conservée : — *Nicolas Psecume, votre bon ami dort ici, priez Dieu pour lui !* Il est mort le 10 août 1575, âgé de 57 ans.

Du même côté que le sépulcre, sous une ogive dont le fond, jadis orné de peintures à peine reconnaissables, montre encore divers personnages, les uns à genoux en prières, les autres debout avec armoiries, se trouve encastrée dans le mur une épitaphe tombale en lettres du quatorzième siècle, entamée par l'appui d'un banc qu'on a scellé dans ce mur en 1826. Cette inscription était recouverte par du mortier et du badigeon qu'on a fait disparaître et on a pu rétablir l'épitaphe qui est ainsi conçue (1) :

> ci : gist : li : sires : ioffrois :
>
> bachelliers : de : keyserspe
>
> rch : chivillier : qui : fut : ocis .
>
> en : lai : battaille : de : vant :
>
> tramblecourt : p : (m) : ccc : etc. :
>
> lviii : ans : le : (iour) : de . feste : st.
>
> iegoul : ap(otre) : prieis : po : lvi.

A la dixième travée, toujours du même côté, est la chapelle de saint Antoine, dite des saintes Reliques, construite en 1623 ou 1624; à gauche de son entrée est la statue de saint Sébastien et à droite est placée celle de saint Róch (2). Les futs des colonnes ainsi que l'autel sont en marbre. Les bases, les chapiteaux et le fronton sont en pierres blanches de Sorcy. Des enfants surmontent le tout et tiennent dans leurs mains des guirlandes de fleurs.

Cette chapelle est ornée d'un grand tableau au-dessus de l'autel et de chaque côté, sur le mur, de deux petits médaillons octogones peints sur marbre; le dehors est peu saillant, il est carré avec pilastres doriques, des têtes monstrueuses placées aux angles de la corniche servent de gargouilles. Le Père Abram s'exprime ainsi dans sa description : « Cette chapelle est petite, à la vérité parce qu'on l'a placée dans la muraille de l'église, entre » deux pilastres, et on l'a avancée un peu dans la rue pour qu'elle n'embarrassât pas l'église et qu'elle ne gâtât » rien à la symétrie; mais au surplus, elle est très-belle et très-magnifique, et je ne crois pas qu'il y en ait une » plus belle dans toute la Lorraine. » Ce fut le sieur Jean Cheminot, bourgeois de Pont-à-Mousson, qui en fit la dépense elle s'éleva à 1,500 louis d'or. Il était conseiller de l'hôtel de ville et d'une si grande modestie qu'il ne voulut pas permettre que son nom ni ses armes parussent dans la chapelle, quoiqu'il y eût choisi sa sépulture. Il mourut en 1630. Malgré ce qu'en dit le Père Abram, cette petite construction est tout ordinaire et ne mérite pas qu'on en fasse un si grand éloge.

Devant cette chapelle on lit sur une grande pierre qui sert de pavé :

HIC TRANSLATA JACENT CINERES AC OSSA PARENTUM

CANONICÂ DE STIRPE QUIBUS LEX ATQUE AMOR UNUS

QUONDAM ; NUNC UNUS TUMULUS, SIT LAURUS ET UNA.

SOLEMNIS TRANSLATIO FACTA EST DIE 12 MAII

ANNO DOMINI 1780.

---

(1) Nous avons enfermé entre parenthèses les lettres effacées et que nous avons rétablies.

(2) Dans cette chapelle , on voit des reliques du révérend P. Fourier qui refusa la cure de Saint-Martin pour celle de Mattaincourt.

Enfin, un peu plus loin sur la muraille, on lit en caractères allemands :

Cy devant gist discrette personne
Messire Claude Bony du Pont sur Madon,
jadis tabellion jure
du tabellion de Nancy,
qui a fonde son amuelle a tout
jamais
en l'eglise de ceant,
le jeudi· des quatre temps de l'an,
vallant pour chacun an
douze francs,
comme il est plus amplement declare
au marthologe d'icelle eglise.
qui mourut le 22ᵉ jour de juillet
mil vxxiv
Priés Dieu pour lui.

De l'autre côté, en face de la chapelle que nous venons de décrire, il en existe une autre qui n'a rien de remarquable qu'un tableau représentant saint François-Xavier ; il est très-beau et mériterait d'être nettoyé. Le saint donne le baptême à la reine de Ternate ; nous n'avons pas pu voir s'il y avait un nom d'auteur, mais on pense généralement qu'il est de l'école italienne.

A côté de l'entrée de cette chapelle, contre la muraille, se trouve un mausolée ayant de chaque côté une statue dont l'une représente la Chasteté, et l'autre l'Espérance, avec cette inscription sur marbre noir :

DEO. OPT. MAX.

. ET MEMORIÆ

ESTHERIS ASPRONTANÆ

OB MERITA EJUS.

EX AUTORITATE PROEPOSITI SOCIE

TAT. JESU. UNIVERSÆ IN HAC ÆDE

SEPULTÆ CONJUGIS CARISSIMÆ

FIDELISSIMÆ, CUM QUA VIXIT ANNOS

XX SINE QUERELA JOANNES PORCELLE

TUS MALLIANE IN PROVINCIA

VALHEII GASSEINVILLÆ ET GEZENVIL

LÆ IN LOTHARINGIA DOMINUS

CAROLI III. LOTHAR. DUCIS, COPIARUM

MARESCALCUS AC TULLI GUBERNATOR

ET EPISCOPATUS METENCIS SUB CAROLO

II CARDINALE LOTHARINGO. BALLIUS

MARITUS MOERENO BENE MERENTI

H. M. POS.

VIXIT ANN. XLIIII. OBIIT VII. ID. MART.

AN. CIƆ. IƆ. XCII.

BENE VALE QUI LEGIS, ET MORTUIS

BENE PRECARE DUM VIVIT.

QUOD FECERIS, ET TIBI ALIUS FACIET.

CASTITAS			CONFIDENTIA	
LUDRES	SAMPIGNY		ROUSSY	BLECOURT
LENONCOURT	SAVIGNY		LABAUVE	IENLIS.

REQUIESCAT IN PACE.

Au-dessus de chaque figure se trouve un écusson mi-parti ; au-dessous, et entre les quatre noms de famille, est aussi un écusson également mi-parti. Ces armoiries sont probablement celles des familles nobles indiquées sur le monument.

Tous ces noms propres avaient disparu sous le plâtre, nous supposons que cela a été fait pour les soustraire à la dévastation, lors de la tourmente révolutionnaire.

Dans le bas côté gauche, il faut remarquer une porte ogivale murée (pl. 6) qui menait au cloître détruit, elle est très-basse, surmontée d'un grand pignon à crochets (1).

Il existe aussi, attachée au premier pilier de la nef, près de l'entrée, une pierre tombale; mais l'inscription en a été effacée et on ne sait pas a qui elle a appartenu.

La chaire à prêcher est très-bien sculptée, avec quatre médaillons représentant les évangélistes; elle est en chêne, de même que les trois confessionnaux; tous ces objets sont d'un assez bon style et appartiennent au dix-septième siècle.

Notre tâche touche à sa fin, nous faisons les vœux les plus ardents pour que cet édifice religieux, si remarquable, fixe enfin l'attention du Comité des monuments historiques. Les archéologues et les gens de goût ne seront pas les derniers à se féliciter d'une détermination qui aurait pour but la réparation de cette église si digne d'intérêt. Les massifs de maçonnerie défient par leur solidité et leur bon entretien, les injures du temps, pas une ardoise ne manque à la toiture; mais d'autres travaux sont urgents : le couronnement des tours a été frappé de la foudre en 1803, elle a fait voler en éclat les clochetons; les ornements du portail sont aussi dégradés ; de nombreuses niches sont vides de statues, et l'œil est affligé de ces disparitions qui nuisent essentiellement à l'aspect général de l'édifice.

Il est bien à regretter que la brosse du badigeonneur ait fait disparaître les teintes séculaires des voûtes et des piliers; teintes que nous désirons voir revivre.

Mais pour compléter l'œuvre, nous espérons que le jour viendra où le monument sera entièrement dégagé, que l'espace permettra d'en apercevoir les proportions, que l'œil pourra en saisir l'ensemble ; d'ignobles masures attachées à ses flancs disparaîtront enfin, et la fumée de leurs cheminées ne noircira plus les ornements de l'église. Ces réclamations sont trop fondées pour ne pas être accueillies en temps opportun.

Il nous reste à accomplir encore un devoir bien doux envers les personnes qui, par leurs conseils, leurs lumières ou leur utile coopération ont bien voulu nous venir en aide. Que toutes agréent donc, et particulièrement M. Bastien, curé de l'église Saint-Martin, nos sincères remerciments. Puissent nos efforts répondre dignement aux sentiments de reconnaissance dont nous sommes pénétrés.

(1) La planche 6 contient : 1° Porte qui conduisait au cloître ; 2° détails de la corniche et du commencement de la tour de droite; 3° fenêtre du transceps.

FIN.

Portail de l'Église St Martin
à Pont-à-Mousson (Meurthe)

aduis frere thierry fortier me fefait quant moult
pieux frere benoift de montferrand me uifitait mcccclxii

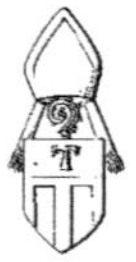

E
E
F
F
C
A
D

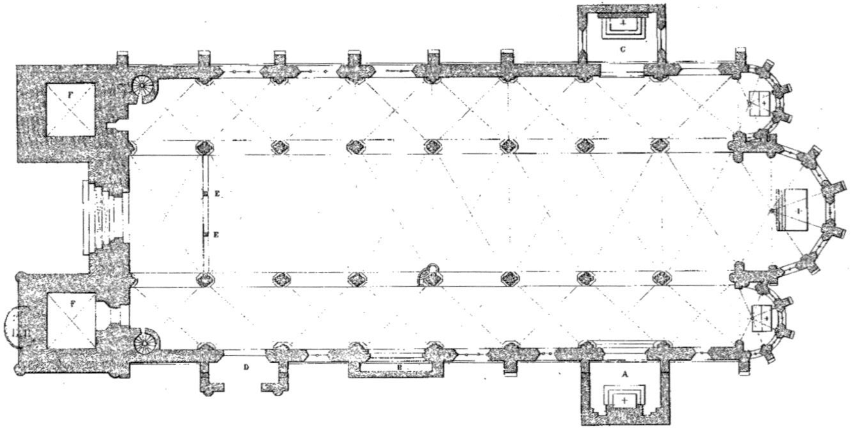

Pl. 3
V.ᵉ de Sansonetti del. 1844
Lith de L. Bigant.

L'Eda Sansovetti del. 1844
Lith. de J. Dyonis

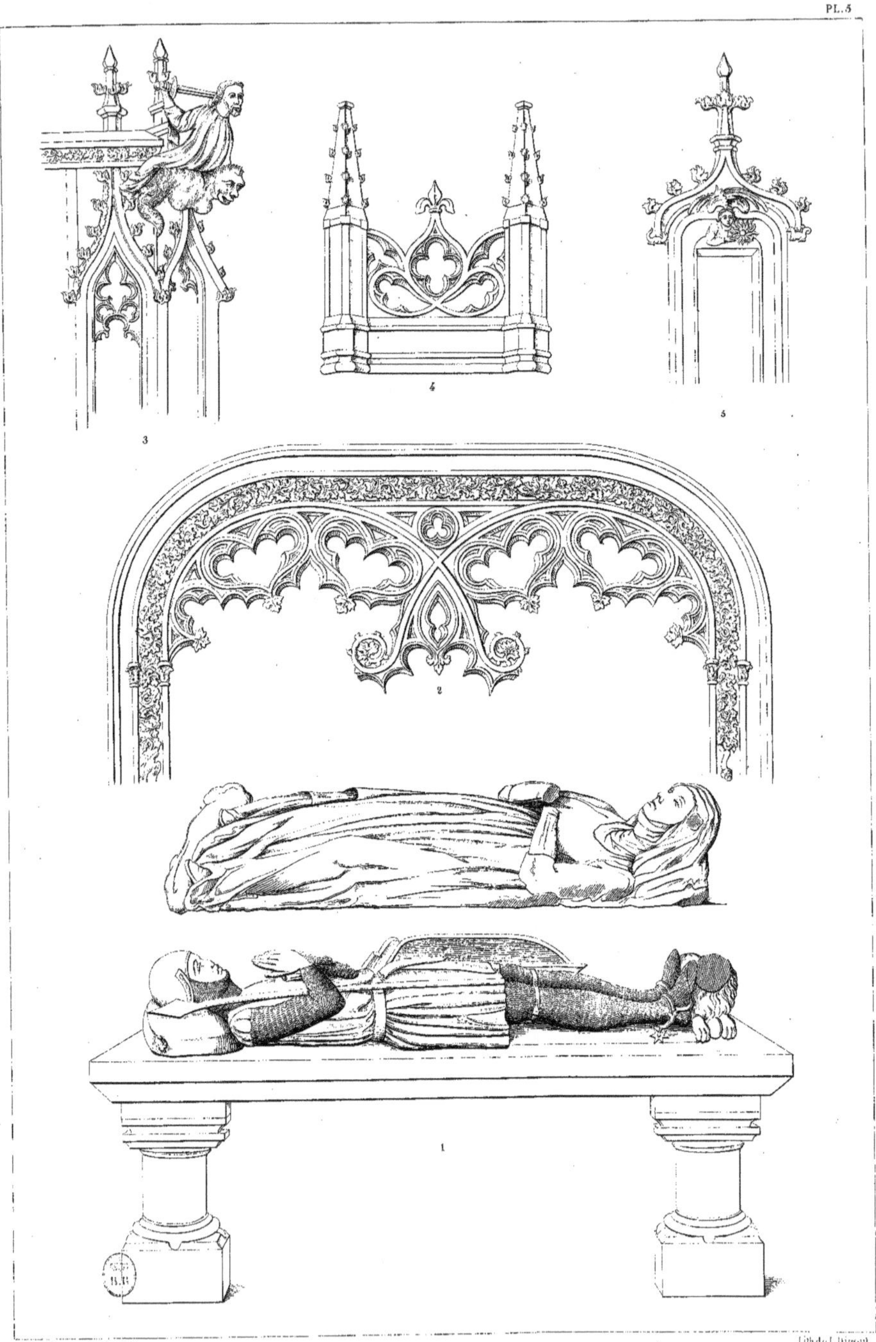

V.t de San vonotti dal.1844.   Lith.de L.Dignoul